Алим-ун- Ниса
Каинат Аббас
Асма Саеед

Чудеса Шиладжита

Алим-ун- Ниса
Каинат Аббас
Асма Саеед

Чудеса Шиладжита

Путешествие в мир полезных свойств этой
древней смолы

ScienciaScripts

Imprint

Any brand names and product names mentioned in this book are subject to trademark, brand or patent protection and are trademarks or registered trademarks of their respective holders. The use of brand names, product names, common names, trade names, product descriptions etc. even without a particular marking in this work is in no way to be construed to mean that such names may be regarded as unrestricted in respect of trademark and brand protection legislation and could thus be used by anyone.

Cover image: www.ingimage.com

This book is a translation from the original published under ISBN 978-620-5-63763-0.

Publisher:
Sciencia Scripts
is a trademark of
Dodo Books Indian Ocean Ltd. and OmniScriptum S.R.L publishing group

120 High Road, East Finchley, London, N2 9ED, United Kingdom
Str. Armeneasca 28/1, office 1, Chisinau MD-2012, Republic of Moldova, Europe
Printed at: see last page
ISBN: 978-620-7-39525-5

Чудеса Шиладжита:

Путешествие в мир полезных свойств этой древней смолы

ОГЛАВЛЕНИЕ

Введение Шиладжита 3

Фитохимия и физические свойства шиладжита 20

Шиладжит: Применение, значение и польза 25

Шиладжит: Безвредность и побочные эффекты 38

Антимикробная активность шиладжита 42

Перспективы развития шиладжита 48

Ссылки.. 50

Введение Шиладжита

♦ **Что такое шиладжит?**

Слово "Шиладжит" - санскритское, оно образовано из двух слов: **"шила"**, что означает "скала", и **"джит"**, что означает "завоёванный" или "победитель". Таким образом, Shilajit можно перевести как **"покоритель гор"** или **"разрушитель слабости"**. Другие названия этого вещества - Shilajeet, Silaras или Shilajatu. Шиладжит представляет собой от бледно-коричневого до черновато-коричневого цвета экссудат переменной консистенции, выделяющийся из слоёв горных пород в горных хребтах этого мира, особенно в Гималаях и Гиндукуше на Индийском субконтиненте.

Шиладжит или **саладжит** - натуральный органо-минеральный продукт преимущественно природного биологического происхождения, образующийся в горах (в горных расщелинах и пещерах). Шиладжит представляет собой липкое, похожее на смолу вещество, встречающееся в горных породах Гималаев, Алтая, Кавказа и других горных массивов. Шиладжит не является производным растения, а представляет собой сложное органо-минеральное вещество, которое сочится из горных пород в горных районах. Шиладжит образуется в результате многовекового разложения растительных и микробных веществ. Шиладжит используется в традиционной аюрведической медицине на протяжении многих веков и, как считается, обладает различными полезными свойствами. Он часто употребляется в качестве пищевой добавки и богат минералами и другими органическими соединениями.

Рисунок 1: На этом изображении показан кусочек шиладжита

♦ Происхождение шиладжита:

Существуют различные точки зрения на источник происхождения шиладжита. Считается, что он образовался в результате расщепления микробами нефтяных пород. Ранние (донаучные) теории предполагали неорганический состав шиладжита (золото, серебро, медь и железо) и его происхождение в горах.

Во второй половине 1900-х годов считалось, что шиладжит получают из помета грызунов на камнях и отходов жизнедеятельности животных, например летучих мышей.

Современные теории утверждают, что шиладжит - это растение и что он, скорее всего, состоит из окаменевших побочных продуктов растительных остатков, подвергшихся трансформации под давлением горных пород.

Рисунок № 2: На этом изображении показан шиладжит в горах

♦ **Родовые названия и ботаническая классификация шиладжита:**

Родовые названия и ботаническая классификация	
Английское имя	Черный асфальт, минеральный воск и минеральная смола
Непальское имя	Кало Шиладжита
Санскритские имена	Шайлобхава, Шайлея, Гирияту, Шайла, Шайладхатуджа, Адрия, Шиласведа, Шиламайя, Шила Нирьяса, Гайрейя и Ашма Лакша
Бенгальское имя	Silajatu
Местные названия	Барагшун, Барахшин, Дороби и Шаргай
Персидское имя	Мумия
Название на малаялам	Канмада
Ботаническое название	Битум минеральный

♦ **История шиладжита:**

История шиладжита насчитывает тысячи лет, его использование глубоко укоренилось в традиционной медицине и культурных практиках. Вот обзор исторического развития шиладжита:

• **Древние аюрведические тексты:**

Шиладжит входит в состав аюрведической медицины уже более 2 000 лет. Он упоминается в таких древних текстах, как Charaka Samhita и Sushruta Samhita. В этих текстах шиладжит описывается как вещество, способное повышать физическую и умственную выносливость, способствовать долголетию и омолаживать организм.

• **Культурные верования и традиционное использование:**

Шиладжит имеет культурное значение в различных регионах, включая Индию, Тибет, Центральную Азию и Ближний Восток. Традиционно считается, что это мощное вещество, способствующее общему укреплению здоровья, жизненной энергии и силы. Различные культуры включили шиладжит в свои традиционные лечебные практики.

• **Аюрведическая расаяна:**

5

В Аюрведе шиладжит относят к расаяне - категории веществ, которые считаются омолаживающими и способствующими долголетию. Считается, что он обладает адаптогенными свойствами, помогая организму адаптироваться к стрессу и поддерживать баланс.

- **Исторические анекдоты:**

Исторические тексты и анекдоты упоминают об использовании Шиладжита различными правителями и элитой в разных культурах. Иногда его считали редким и ценным веществом, предназначенным только для тех, кто занимал властные позиции, или для тех, кто стремился к повышению жизненного тонуса.

- **Сбор и заготовка:**

Традиционно шиладжит собирают со скал в горных районах. Процесс сбора включает в себя сбор смолистого вещества, которое сочится из скал в теплое время года. Затем оно очищается и перерабатывается для использования в различных медицинских целях.

- **Современный научный интерес:**

Шиладжит имеет долгую историю традиционного использования, однако современные научные исследования его свойств начались в XX веке. Ученые изучали его химический состав, потенциальную пользу для здоровья и безопасность. Некоторые исследования указывают на антиоксидантные и противовоспалительные свойства, но для получения убедительных доказательств необходимы дальнейшие исследования.

История шиладжита переплетается с культурными и медицинскими традициями регионов, где он произрастает. Его постоянное использование на протяжении тысячелетий отражает ценность этого природного вещества для укрепления здоровья и благополучия.

- ♦ **Виды шиладжита:**

Существуют различные виды шиладжита, и их различия могут быть обусловлены такими факторами, как географическое положение, конкретные породы, из которых он добывается, и условия, в которых его собирают. Вот несколько видов шиладжита:

- **Минералы с содержанием золота (Charka Samhita Shilajit):**

Шиладжит, просачивающийся из этих скал, имеет красновато-фиолетовый цвет и обладает мадхурой, тикта-расой и кату-випакой. Шиладжит похож на цветок гибискуса.

- **Камни с содержанием серебра (Раджат Шиладжит):**

Белого цвета, с Кату Раса и Мадхура Випака, шиладжиты выходят из этих камней.

- **Медьсодержащие камни (называемые Tamra Shilajit):**

Эти камни источают голубовато-фиолетовую жидкость, напоминающую горло павлина, и демонстрируют Тикта Раса и Кату Випака.

- **Минералы с содержанием железа (Lauha Shilajit):**

Считается лучшим сортом, экссудат изображает Тикту и Лавана Раса и напоминает камедь Гуггулу (Commiphora mukul).

- **Гималайский шиладжит:**

Этот вид добывается в Гималайских горах и является, пожалуй, самым известным. Его можно встретить в таких странах, как Индия, Непал, Бутан и Тибет.

- **Алтайский шиладжит:**

Алтай - еще один горный хребет, где встречается шиладжит, и шиладжит из этого региона может иметь свой уникальный состав.

- **Кавказский шиладжит:**

Шиладжит с Кавказского хребта менее известен, но также доступен.

- **Афганский шиладжит:**

Афганистан - еще один регион, где собирают шиладжит.

- **Dabur Shilajit:**

Dabur - известный бренд, продающий продукты из шиладжита. Хотя источник не всегда указывается, продукт часто представляет собой переработанную форму шиладжита.

Важно отметить, что качество и состав шиладжита могут варьироваться в зависимости от источника и методов обработки. При покупке добавок с шиладжитом очень важны подлинность и чистота, так как рынок иногда наводнен некачественными или фальсифицированными продуктами. Если вы собираетесь использовать шиладжит, рекомендуется приобретать его в надежных источниках и, по возможности, проконсультироваться с профессионалом здравоохранения или аюрведическим врачом.

♦ Географическое распространение шиладжита:

Шиладжит встречается преимущественно в горных районах мира, причем его географическое распространение охватывает несколько горных хребтов. Особенно много его в Гималаях, где он добывается из горных пород на больших высотах. Алтайские горы, расположенные в Центральной и Восточной Азии, - еще один значительный регион, где встречается шиладжит. Кроме того, его обнаруживают в Кавказских горах и других горных районах, характеризующихся скалистыми образованиями. Уникальные геологические условия этих регионов способствуют образованию шиладжита - смолистого вещества, которое сочится из горных пород в результате длительного разложения растительных и микробных веществ. Историческое использование шиладжита в традиционной медицине тесно связано с его геологическим происхождением, поскольку культуры этих горных регионов почитали его за якобы полезные для здоровья свойства. Распространение шиладжита по различным горным массивам подчеркивает его связь с конкретной геологической средой, где он на протяжении веков ценился в различных культурных и медицинских практиках.

Рисунок № 3: На этом изображении показан шиладжит в горах

- ◆ **Свойства Шиладжита:** Шиладжит обладает следующими

  свойствами:
  - o Он может служить противовоспалительным средством.
  - o Он может обладать антиоксидантными свойствами.
  - o В нем могут содержаться вещества, улучшающие память.
  - o Он может обладать антиальцгеймеровскими свойствами.
  - o Он может снижать уровень сахара в крови и обладает противоастматическими свойствами.
  - o Он может обладать противоопухолевыми свойствами.
  - o Он может обладать пищеварительными свойствами, улучшать состояние печени, почек и сердца, а также помогать при судорогах.

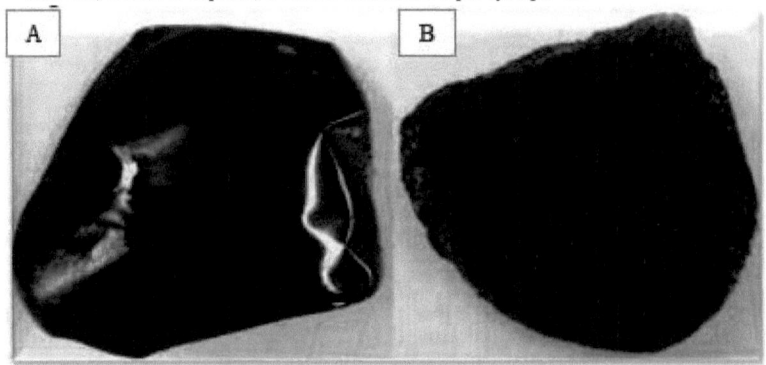

Рисунок №4: (А) Это изображение показывает индийский шиладжит (В) Это изображение показывает пакистанский шиладжит

♦ Распространение шиладжита:

Шиладжит - это вещество природного происхождения, которое образуется в горных породах, и оно не размножается так, как это делают растения или живые организмы. Он образуется в результате длительного разложения растительных и микробных веществ и сочится из горных пород в теплое время года.

Сбор шиладжита заключается в добыче смолистого вещества из горных пород. В традиционном понимании шиладжит не выращивается и не размножается, поскольку это не живой организм с жизненным циклом, которым можно управлять или культивировать.

Традиционный метод сбора Шиладжита заключается в сборе смолы, которая естественным образом выделяется из горных пород. Этот процесс обычно осуществляется в регионах, где произрастает Шиладжит, таких как Гималаи, Алтай, Кавказ и другие горные хребты.

Важно отметить, что сбор и использование шиладжита должны осуществляться ответственно и рационально, чтобы сохранить природную среду и обеспечить постоянную доступность этого вещества. Если вы заинтересованы в использовании Шиладжита, рекомендуется приобретать его у авторитетных поставщиков, которые придерживаются этических и устойчивых методов сбора.

♦ Продукты из шиладжита:

На момент моего последнего обновления знаний в январе 2022 года на рынке было представлено несколько продуктов из шиладжита, каждый из которых продавался под разными брендами. Имейте в виду, что наличие продуктов и их составы могут меняться, и с момента моего последнего обновления могли появиться новые продукты. Вот некоторые примеры продуктов из шиладжита:

Старший	Бренд	Форма предмета	Об этом предмете	Изображение

1	Хима Шиладж ату	Гель	Shilajit Purest Himalayan Shilajit Resin - Gold Grade 100% Pure Shilajit with Fulvic Acid & 85+ Trace Minerals Complex for Energy & Immune Support, 30 Grams	
2	Blisque	Смола	Blisque - Чистая гималайская органическая добавка из смолы шиладжит | аутентичная и натуральная | золотой класс А | содержит фульвокислоту и следовые минералы | 60 грамм	

| 3 | Сеннаси | Гель | Шиладжит Чистый Гималайский Органический Шиладжит Смола - 600 мг Максимальной Потенции Натуральная Органическая Шиладжит Смола с 85+ Микроэлементами и Фульвокислотой для Энергии, Иммунной Поддержки, 30 Грамм | |
| 4 | aSquared Nutrition | Капсула | aSquared Nutrition Shilajit 1000mg - 120 Capsules - Pure Shilajit Extract Supplement and Powder Complex Pills - Natural Humic & Fulvic Acid & Trace Minerals - Alternative to Resin & Drops | |

5	Дополнения из дерева Double Wood	Капсула	Капсулы Shilajit Pure Himalayan Capsules (20% Fulvic Acid Supplement) 1,000 мг аутентичного экстракта шиладжита на порцию, 120 штук (с высоким содержанием микроэлементов, без наполнителей, произведено в США) от Double Wood	
6	Гиндила	Гель	800 мг добавки Шиладжит - Чистая гималайская органическая смола Шиладжит с максимальной потенцией, оригинал из Гималаев с 85+ микроэлементами и фульвокислотой для концентрации внимания и энергии, иммунитета, 30 грамм	

| 7 | CYMBI OTIKA | Гель | CYMBIOTIKA Чистая смола шиладжита с элементарным золотом, фульвокислотой, 84+ микроэлементами, пищеварительная и иммунная добавка для поддержки концентрации внимания и энергии, общего здоровья, высокой потенции, веганская, без ГМО, 15 г банка | |

8	Шиладж ит	Капсул а	Аюрведические капсулы Dabur Shilajit - 30 капсул | Чистый шиладжит с противоусталостными и противовоспалительны ми свойствами | Для бодрости и силы | Укрепление иммунитета | Аюрведический тоник для здоровья	
9	Эликаду р	Капсул а	2000 MG Shilajit Supplement, Shilajit Resin Organic, Shilajit Capsules, 100% чистый Shilajit с 85+ микроэлементами и 60% фульвокислотой, повышает энергию и иммунитет, вегетарианский, натуральный, 60 капсул	

10	Капива	Смола	Kapiva Shilajit Gold Resin - 20 г | Помогает в повышении выносливости | Содержит 24-каратное золото | 100% аюрведическое средство	
11	Нирваса	Капсула	Капсулы Nirvasa Shilajit (800 мг) с муслином, ашвагандхой и каунч-биджем | чистейший шиладжит - 60 капсул в упаковке 1 шт.	
12	Formen	Планшет	ForMen Shilajit Ashwagandha Tablets for Men | Boosts Immunity, Strength and Stamina | Ayurvedic Stamina Booster Supplements For Men - 30 Tablets	

13	Смелый уход	Смола	Bold Care Himalayan Shilajit Resin - 20 gm (20 gm (Pack of 1))	
14	ГИМАЛ АЙСКА Я ОРГАН ИКА	Жидкос ть	Himalayan Organics 100% чистый Шиладжит/Смола Шиладжит для повышения производительности, силы, выносливости, силы с фульвокислотой и комплексом 85+ микроэлементов для энергии, максимальная потенция I - 20 г.	
15	ОЗДОРО ВИТЕЛЬ НЫЙ ПОИСК	Капсул а	Search Wellness Shilajit Gold-60 капсул (упаковка из 1) Обогащен ашвагандхой, гокшурой, сварна бхасмой	

16	УПАКА РМА	Полуж идкие	UPAKARMA Ayurveda | Premium Shilajit Gold Dust Resin 20g | 100% Ayurvedic | Pure and Natural Shilajeet | Helps to Boost Immunity, Energy, Strength, Stamina, and Overall Health | Pack of 1	
17	УПАКА РМА	Смола шилад жита с ашвага ндхой	UPAKARMA Pure Shilajit Resin with Ashwagandha 20g | Boost Strength & Build Muscle Mass Naturally | 100% Ayurvedic | Pack of 1	
18	УПАКА РМА	Чистый SJ, черник а и апельси н	UPAKARMA Ayurveda Shilajit Effervescent Tablets Combo Pack of 3 To Boost Performance, Power, Strength & Stamina with Pure Shilajit, Orange, and Blueberry Flavour - Lab Tested	

19	сваа. жизнь	Планше т	svaa. life Первые в мире шиладжиты/шиладжит ы 500 мг 21 таблетка с ашвагандхой, гокшурой, шафраном и сафед мусли | для бодрости, выносливости, выносливости, сияющей кожи (63 таблетки)	
20	nveda	Капсул а	Nveda Shilajit Ayurvedic Capsules-60, Himalayan Shilajit for Stamina and Strength, Energy & Immunity Booster Shilajeet for Men and Women	

21	Смелый уход	Планшет	Шипучие таблетки Bold Care Shilajit для естественной поддержки выносливости - 20 шипучих таблеток, упаковка 1	
22	PLIX - THE PLANT FIX	Планшет	PLIX -THE PLANT FIX 500mg Shilajit Effervescent - 15 Tablets (Pack of 1)	With Saffron & Safed Musli For Vitality	100% Vegan	Orange Flavored	For Men	

Фитохимия и физические свойства шиладжита

♦ **Фитохимия шиладжита:**

Фитохимия шиладжита сложна и варьируется в зависимости от географического региона, в котором он добывается. Шиладжит - это смолистое вещество, которое образуется в горных породах, и состоит из смеси органических и неорганических соединений.

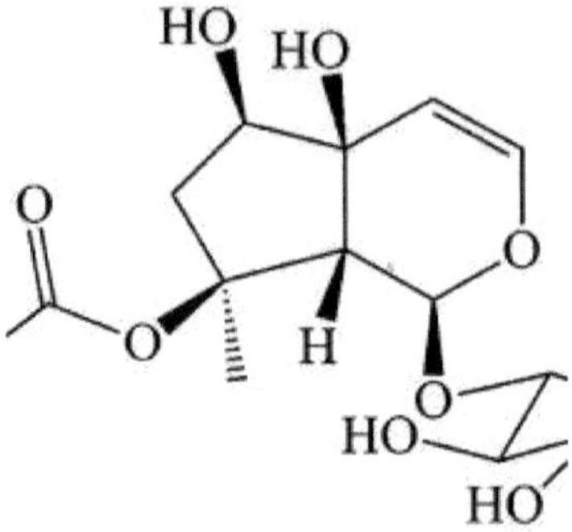

Рисунок № 5: На этом изображении показана химическая формула Шиладжит

Некоторые из ключевых составляющих включают:

- **Фульвовая кислота:**

Фульвовая кислота является основным компонентом Шиладжита и известна своими антиоксидантными свойствами. Это один из видов гуминовых веществ, образующихся при разложении органических веществ.

- **Минералы:**

Шиладжит содержит целый ряд минералов, в том числе железо, цинк, медь, марганец, магний и другие. Минеральный состав может варьироваться в зависимости от конкретных геологических условий региона.

- **Дибензо-альфа-пироны (DBPs):**

DBPs - это органические соединения, содержащиеся в Шиладжите, которые, как полагают, способствуют его фармакологическим эффектам. Эти соединения были изучены на предмет их потенциальных антиоксидантных и противовоспалительных свойств.

- **Хромопротеины дибензо-альфа-пирона:**

Хромопротеины - еще одна группа соединений, содержащихся в шиладжите, которые обусловливают его цвет и могут обладать антиоксидантными свойствами.

- **Гумины и гуминоподобные вещества:**

Это сложные органические соединения, образующиеся при разложении растительной и микробной массы. Они вносят свой вклад в общий состав Шиладжита.

20

- **Аминокислоты:**

Шиладжит содержит различные аминокислоты - строительные блоки белков. Наличие аминокислот обусловливает его питательный профиль.

- **Фенольные соединения:**

В шиладжите были обнаружены фенольные соединения с антиоксидантными свойствами, которые способствуют его потенциальной пользе для здоровья.

- **Тритерпены и дитерпены:**

Некоторые исследования выявили в шиладжите тритерпены и дитерпены, которые являются органическими соединениями с потенциальной биологической активностью.

- **Хромопротеины:**

Хромопротеины - это соединения, которые способствуют окрашиванию Шиладжита. Эти вещества, вероятно, содержат как белковые, так и небелковые компоненты.

Исследования фитохимии шиладжита продолжаются, и его точный состав может варьироваться в зависимости от таких факторов, как высота над уровнем моря, климат и геологические особенности региона. Несмотря на то, что шиладжит используется в традиционной медицине уже много веков, для полного понимания его сложного состава и механизмов, лежащих в основе его потенциального оздоровительного действия, необходимы дополнительные научные исследования.

- ♦ **Микроэлемент в составе Шиладжит:**

Конкретный состав микроэлементов в шиладжите может варьироваться в зависимости от географической местности, откуда он был получен. Известно, что шиладжит содержит различные минералы и микроэлементы благодаря образованию в горных породах и разложению растительных и микробных веществ. **Ниже приведен список некоторых распространенных микроэлементов, содержащихся в обычном шиладжите:**

1.	Железо (Fe)
2.	Цинк (Zn)
3.	Медь (Cu)
4.	Марганец (Mn)
5.	Магний (Mg)
6.	Кальций (Ca)
7.	Стронций (Sr)
8.	Барий (Ba)
9.	Кремний (Si)
10.	Натрий (Na)
11.	Калий (K)
12.	Хром (Cr)
13.	Селен (Se)

14.	**Кобальт (Co)**
15.	**Никель (Ni)**
16.	**Молибден (MO)**
17.	**Ванадий (V)**
18.	**Бор (B)**
19.	**Литий (Li)**
20.	**Рубидий (Rb)**
21.	**Кадмий (Cd)**
22.	**Свинец (Pb)**
23.	**Ртуть (Hg)**
24.	**Мышьяк (As)**
25.	**Алюминий (Al)**

Важно отметить, что концентрация этих микроэлементов может меняться в зависимости от таких факторов, как высота над уровнем моря, климат и особые геологические условия региона, где добывается шиладжит. Кроме того, на концентрацию микроэлементов могут влиять методы обработки, используемые для приготовления продуктов из шиладжита, таких как порошки или экстракты.

Хотя шиладжит часто ценится за содержание минералов, необходимо быть осторожным в отношении содержания некоторых элементов, особенно тяжелых металлов. Для тех, кто использует шиладжит в качестве диетической добавки, важны меры контроля качества и приобретение шиладжита у надежных поставщиков, соблюдающих стандарты безопасности и чистоты. Аналитические испытания продуктов из шиладжита могут дать информацию о содержании в них минералов и микроэлементов.

♦ Химическая и эмпирическая формула шиладжита:

Честно говоря, на сегодняшний день у шиладжита нет стандартной химической формулы. Трудно придумать универсальное уравнение, потому что в каждом месте минеральный состав немного отличается. Не говоря уже о том, что никто не может сказать вам химическую формулу самой фульвокислоты, что делает практически затруднительным прием фульвокислотной части Шиладжита!

Хотя это может быть и химической формулой, Р. Г. Юсупов в 1979 году предложил фундаментальную эмпирическую формулу.

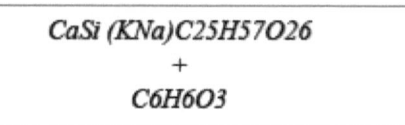

$$CaSi\,(KNa)C25H57O26$$
$$+$$
$$C6H6O3$$

- ♦ **Физические свойства шиладжита:**

Шиладжит - это сложное смолистое вещество с уникальными физическими свойствами. Его внешний вид, текстура и другие характеристики могут варьироваться в зависимости от источника и обработки. Вот некоторые из основных физических свойств шиладжита:

- o **Внешний вид:**

Шиладжит обычно имеет темный, коричневый или черный цвет. Его внешний вид может варьироваться от блестящей, глянцевой текстуры до более матовой.

Рисунок №6: На этом изображении показан внешний вид шиладжита

- o **Текстура:**

По консистенции шиладжит липкий и похожий на смолу. В теплом виде он мягкий и податливый, но при более низких температурах может стать твердым и хрупким.

- o **Растворимость:**

Шиладжит частично растворим в воде, причем в теплой воде он растворяется быстрее, чем в холодной. Однако он лучше растворяется в органических растворителях, таких как этанол.

- o **Запах и вкус:**

Шиладжит имеет характерный землистый и слегка горьковатый вкус. Его запах может быть сильным и иметь резкий, смолистый аромат.

- o **Плотность:**

Плотность Шиладжита может варьироваться, но в целом он плотный из-за содержания минералов. Его удельный вес зависит от концентрации минералов и органических соединений.

- o **Температурная чувствительность:**

Шиладжит чувствителен к температуре. Под воздействием тепла он размягчается и становится более податливым, в то время как при более низких температурах он может затвердеть и стать более хрупким.

o **Гигроскопичность:**

Шиладжит гигроскопичен, то есть обладает способностью поглощать влагу из воздуха. Это свойство со временем может повлиять на его консистенцию и текстуру.

o **Испытание пламенем:**

Когда небольшой кусочек шиладжита нагревают пламенем, он может издавать характерный треск, известный как "шиладжитовый треск". Это явление иногда используется в качестве неофициального теста на подлинность Шиладжита.

Важно отметить, что на физические свойства шиладжита могут влиять различные факторы, в том числе его географическое происхождение, горные породы и минералы, входящие в его состав, а также методы обработки. Для употребления шиладжит часто перерабатывают в различные формы, такие как порошки, капсулы или экстракты, что также может влиять на его внешний вид и текстуру. При покупке продуктов из шиладжита рекомендуется приобретать их у проверенных поставщиков, чтобы убедиться в их подлинности и качестве.

Шиладжит: Применение, значение и польза

♦ **Применение шиладжита:**

Шиладжит уже много веков используется в традиционной медицине, в частности в аюрведе, благодаря его предполагаемым преимуществам для здоровья. Несмотря на разнообразие традиционных способов применения, важно отметить, что научные исследования шиладжита продолжаются, и для полного подтверждения всех его потенциальных возможностей требуется больше доказательств.

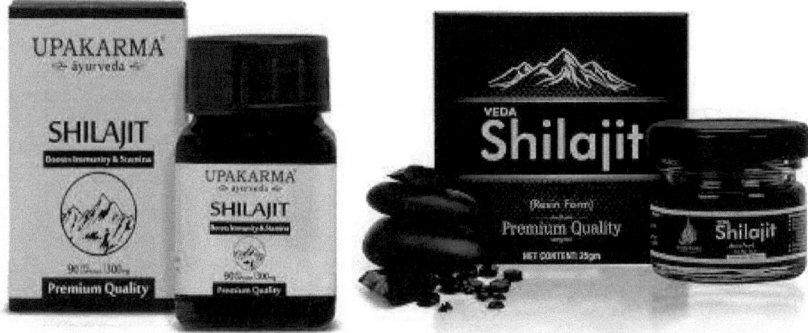

Рисунок No7: На этом изображении показаны различные виды шиладжита

Некоторые заявленные способы применения и потенциальные преимущества шиладжита включают:

o **Энергия и выносливость:**

Традиционно считается, что шиладжит повышает уровень энергии и физическую выносливость. Его часто используют в качестве натурального средства для борьбы с усталостью и повышения общего жизненного тонуса.

o **Когнитивные функции:**

Некоторые традиционные способы применения шиладжита включают его роль в поддержке когнитивных функций и ясности ума. Считается, что он обладает адаптогенными свойствами, помогая организму адаптироваться к стрессу, что может положительно сказаться на психическом состоянии.

o **Антивозрастные свойства:**

Шиладжит иногда связывают с антивозрастными эффектами. Считается, что он способствует долголетию и жизненной силе, а его антиоксидантные свойства могут способствовать защите клеток от окислительного стресса.

- о **Поддержка иммунной системы:**

Традиционное использование предполагает, что Шиладжит может оказывать иммуномодулирующее действие, поддерживая естественную защиту организма от инфекций и болезней.

- о **Воспаление и артрит:**

Некоторые исследования показывают, что шиладжит может обладать противовоспалительными свойствами, что может быть полезно при воспалительных процессах, таких как артрит.

- о **Антиоксидантная активность:**

Шиладжит богат фульвовой кислотой и другими соединениями, обладающими антиоксидантными свойствами. Антиоксиданты помогают нейтрализовать свободные радикалы в организме, что способствует улучшению общего состояния здоровья и самочувствия.

- о **Мужское репродуктивное здоровье:**

В традиционном использовании шиладжит часто ассоциируется с мужским репродуктивным здоровьем. Некоторые исследования указывают на потенциальную пользу для мужской фертильности, уровня тестостерона и репродуктивной функции. Фульвокислоты играют важнейшую роль в мужском репродуктивном здоровье, включая производство спермы и общую сексуальную функцию. Считается, что присутствие фульвокислоты в шиладжите улучшает усвоение питательных веществ, потенциально способствуя доставке необходимых питательных веществ к репродуктивным органам. Кроме того, антиоксидантные свойства шиладжита могут помочь защитить сперматозоиды от окислительного стресса, который может негативно повлиять на фертильность. Несмотря на то, что для подтверждения этих потенциальных преимуществ и выяснения конкретных механизмов необходимы дальнейшие исследования, особенно хорошо спланированные клинические испытания, шиладжит обещает стать натуральной добавкой для поддержания мужского репродуктивного здоровья. Как и при любом другом вмешательстве в здоровье, перед включением шиладжита в свой распорядок дня следует проконсультироваться с медицинскими работниками, особенно если у человека имеются сопутствующие заболевания или он проходит курс лечения от бесплодия.

- о **Шиладжит помогает контролировать уровень сахара в крови:**

Предварительные исследования показывают, что шиладжит может играть определенную роль в регулировании уровня сахара в крови, что может быть полезно для людей с диабетом. Шиладжит был изучен на предмет его потенциальной роли в контроле уровня сахара, особенно в контексте диабета. Это смолистое вещество, произрастающее в горных районах, содержит богатый набор минералов, фульвокислот и других биоактивных соединений, которые могут способствовать его терапевтическому воздействию. Одним из предполагаемых механизмов является его влияние на метаболизм глюкозы и чувствительность к инсулину. Фульвовая кислота, ключевой компонент шиладжита, как предполагается, усиливает поглощение глюкозы клетками, потенциально улучшая чувствительность к инсулину.

Кроме того, шиладжит может влиять на ключевые ферменты, участвующие в регуляции уровня сахара в крови. Некоторые исследования, в основном проведенные на животных, показали, что добавка шиладжит может привести к снижению уровня глюкозы в крови. Эти данные указывают на потенциальную роль шиладжита в лечении диабета.

Однако следует отметить, что для окончательного подтверждения эффективности и безопасности шиладжита для контроля гликемии необходимы более тщательные, хорошо контролируемые клинические исследования на людях. Лицам, страдающим диабетом, следует проявлять осторожность и консультироваться с медицинскими работниками, прежде чем рассматривать добавки с шиладжитом в качестве части плана лечения диабета. К приему шиладжита или любой другой добавки следует подходить с учетом общего состояния здоровья, индивидуальной реакции и после консультации с квалифицированными медицинскими работниками.

o **Заживление ран:**

Традиционные способы применения шиладжита включают его нанесение на раны для облегчения процесса заживления. Считается, что он обладает регенеративными свойствами, которые могут способствовать восстановлению тканей.

Важно соблюдать осторожность и проконсультироваться с медицинским работником перед использованием Шиладжита, особенно если у вас есть заболевания или вы принимаете лекарства. Кроме того, качество и подлинность продуктов Shilajit могут отличаться, поэтому рекомендуется приобретать их из надежных источников.

Рисунок №8: На этом изображении показано применение Шиладжита

♦ **Лекарственное применение шиладжита:**

Шиладжит используется в традиционной медицине, в частности в аюрведе, для различных лечебных целей. Несмотря на разнообразие традиционных способов применения, важно отметить, что научные исследования шиладжита продолжаются, и для полного подтверждения его потенциального применения в медицине необходимы дополнительные данные. Некоторые известные способы применения шиладжита в медицине включают:

o **Применение шиладзита при анемии:**

Несмотря на то, что шиладжит традиционно используется в некоторых системах народной медицины для различных оздоровительных целей, в том числе для поддержания общего жизненного тонуса и хорошего самочувствия, научные данные, подтверждающие его применение при анемии, ограничены.

Анемия - это состояние, характеризующееся недостатком эритроцитов или гемоглобина, что приводит к снижению способности крови переносить кислород. Основное лечение анемии обычно заключается в устранении основной причины, которая может включать недостаток питания, хронические заболевания или другие факторы, влияющие на производство или продолжительность жизни красных кровяных телец.

Шиладжит содержит различные минералы, в том числе железо, которое является важнейшим компонентом для синтеза гемоглобина. Дефицит железа является распространенной причиной некоторых видов анемии, и увеличение потребления железа - стандартный подход к лечению железодефицитной анемии. Однако содержание железа в Шиладжите может быть недостаточным или легко усваиваемым для решения проблемы анемии по сравнению с обычными добавками железа или диетическими источниками железа.

Если у кого-то наблюдаются симптомы анемии или есть подозрения на дефицит железа, важно проконсультироваться с медицинским работником для постановки правильного диагноза и назначения соответствующего лечения. Медицинские работники могут рекомендовать добавки железа или изменения в рационе питания в зависимости от конкретного типа и причины анемии.

Несмотря на то, что шиладжит считается безопасным для большинства людей при умеренном употреблении, к его использованию при специфических заболеваниях следует подходить с осторожностью и обращаться за профессиональной медицинской помощью. Кроме того, беременным женщинам, людям с определенными заболеваниями или принимающим лекарства следует проконсультироваться с медицинским работником перед использованием любой добавки, включая Шиладжит.

o Применение Шиладжит при мышечной усталости:

Шиладжит, природная смола, добываемая в горных районах, привлекает внимание благодаря своей потенциальной роли в борьбе с мышечной усталостью. Традиционно используемый в аюрведической медицине, шиладжит, как полагают, обладает адаптогенными свойствами, которые могут повысить способность организма справляться со стрессом, в том числе с физическими нагрузками. Богатое содержание минералов, в том числе фульвокислот, способствует повышению общей энергии и выносливости. Спортсмены и любители фитнеса изучают его применение в качестве натуральной добавки для борьбы с мышечной усталостью и улучшения восстановления после тренировок. Хотя научные исследования влияния шиладжита на мышечную усталость еще не завершены, некоторые исследования показывают, что его антиоксидантные свойства могут играть роль в снижении окислительного стресса, вызванного физическими нагрузками. Кроме того, изучался потенциал Шиладжита по оптимизации функции митохондрий - энергопроизводящих единиц в клетках - с точки зрения его влияния на выносливость и мышечную работоспособность. Несмотря на эти многообещающие аспекты, людям следует с осторожностью подходить к использованию Шиладжита для снятия мышечной усталости, обращаясь за советом к специалистам, чтобы убедиться в его пригодности для удовлетворения индивидуальных потребностей и общего состояния здоровья.

o Польза шиладжита для сердца:

Шиладжит, смолистое вещество, получаемое из горных пород, привлек внимание благодаря своим потенциальным преимуществам для сердечно-сосудистой системы. Хотя научные исследования продолжаются, традиционные способы применения и предварительные исследования позволяют предположить, что шиладжит может оказывать положительное влияние на здоровье сердца. Считается, что фульвовая кислота, ключевой компонент шиладжита, обладает антиоксидантными свойствами, которые могут защитить сердце от окислительного стресса - фактора, связанного с сердечно-сосудистыми заболеваниями. Также считается, что шиладжит способствует регулированию кровяного давления и уровня холестерина - ключевых факторов поддержания сердечно-сосудистого здоровья. Кроме того, его потенциальное противовоспалительное действие может играть роль в уменьшении воспаления в сердечно-сосудистой системе. Как и в случае с любой другой добавкой, необходимо подходить к ее использованию с осторожностью и под руководством специалиста, особенно для людей с существующими заболеваниями сердца или принимающих лекарства. Несмотря на то, что шиладжит подает надежды на укрепление здоровья сердца, для полного понимания механизмов его действия и выработки окончательных рекомендаций необходимы более тщательные исследования.

- o **Применение Шиладжит для волос:**

Шиладжит, природная смола, образующаяся в горных районах, привлекает внимание благодаря своей потенциальной пользе для здоровья волос. Богатый минералами, фульвокислотами и другими биоактивными соединениями, шиладжит, как традиционно считается, питает кожу головы и волосяные фолликулы. Его минеральный состав, включая железо, цинк и марганец, может способствовать поддержанию здорового роста волос. Фульвовая кислота, один из ключевых компонентов, известна своими антиоксидантными свойствами, потенциально защищающими волосяные фолликулы от окислительного стресса. Некоторые традиционные способы применения шиладжита включают его нанесение на кожу головы для укрепления волос и предотвращения их выпадения. Кроме того, его предполагаемое противовоспалительное действие может помочь справиться с такими заболеваниями, как перхоть и раздражение кожи головы. Несмотря на то, что шиладжит подает надежды на укрепление здоровья волос, научные исследования его специфического воздействия на волосы все еще находятся в стадии становления. Лицам, принимающим шиладжит для ухода за волосами, следует делать это с осторожностью и проконсультироваться с медицинским работником или специалистом по уходу за волосами для получения индивидуального совета.

- o **Применение Шиладжита при язвах:**

Шиладжит, природное смолистое вещество, добываемое в горных районах, традиционно использовался в качестве потенциально полезного средства, и есть некоторые предварительные данные, свидетельствующие о его использовании для решения некоторых проблем с пищеварением, включая язвы. В состав шиладжита входит фульвовая кислота, которая известна своими противовоспалительными и антиоксидантными свойствами. Эти свойства могут способствовать потенциальной способности вещества успокаивать и защищать слизистую оболочку желудка и кишечника. Кроме того, считается, что шиладжит обладает адаптогенными свойствами, помогая организму приспособиться к стрессовым факторам, что может быть полезно в контексте лечения язвы. В некоторых традиционных медицинских практиках шиладжит используется в качестве гастропротекторного средства. Однако к применению Шиладжита при язвах следует подходить с осторожностью и проконсультироваться со специалистом. Язвы - это серьезное заболевание, которое может потребовать специфического медицинского лечения, и полагаться только на натуральные средства без совета специалиста может быть нецелесообразно. Необходимы более тщательные научные исследования, чтобы установить эффективность и безопасность шиладжита при лечении язв.

- o **Энергия и жизненная сила:**

Традиционно считается, что шиладжит является адаптогеном, помогающим организму приспособиться к стрессу и усталости. Он используется для повышения уровня энергии, борьбы с усталостью и повышения общего жизненного тонуса.

- o **Применение шиладжита при диабете:**

Шиладжит, смолистый экссудат, произрастающий в горных районах, был изучен на предмет его потенциальной пользы в лечении диабета. Хотя исследования еще находятся на ранних стадиях, некоторые из них позволяют предположить, что шиладжит может оказывать положительное влияние на параметры, связанные с диабетом. Шиладжит содержит фульвовую кислоту, которая, как считается, усиливает поглощение глюкозы клетками и улучшает чувствительность к инсулину. Кроме того, он может помогать регулировать уровень сахара в крови, воздействуя на ключевые ферменты, участвующие в метаболизме глюкозы. Некоторые исследования на животных показали многообещающие результаты, свидетельствующие о том, что прием шиладжита может привести к снижению уровня сахара в крови. Однако необходимы более тщательные клинические испытания на людях, чтобы подтвердить эти результаты и установить безопасность и эффективность шиладжита в качестве дополнительного подхода к лечению диабета. Лицам, страдающим диабетом, следует проконсультироваться с медицинскими работниками, прежде чем включать шиладжит или любую другую добавку в свой план лечения.

- o **Шиладжит - лучшее средство от болей в костях и суставах:**

Некоторые исследования показывают, что шиладжит может способствовать уменьшению воспаления в суставах, принося облегчение людям, страдающим такими заболеваниями, как артрит. Минералы, содержащиеся в шиладжите, в том числе кальций и магний, необходимы для здоровья костей и могут способствовать поддержанию их прочности и устойчивости. Кроме того, фульвокислота, содержащаяся в шиладжите, может способствовать усвоению этих минералов. Хотя для установления конкретных механизмов и эффективности воздействия шиладжита на здоровье костей и суставов необходимы дальнейшие исследования, особенно клинические испытания на людях, предварительные данные указывают на его потенциал в качестве натуральной добавки, которую стоит рассмотреть тем, кто ищет поддержки в борьбе с дискомфортом в опорно-двигательном аппарате. Как и в случае с любой другой добавкой, перед включением шиладжита в свой оздоровительный режим следует проконсультироваться с медицинскими работниками, особенно если у человека есть уже существующие заболевания или он принимает другие лекарства.

- o **Противотревожное средство и средство для снятия стресса:**

Шиладжит иногда используется для снятия стресса и тревоги. Его адаптогенные свойства могут способствовать ощущению спокойствия и благополучия.

- o **Здоровье костей:**

Некоторые исследования показывают, что шиладжит может оказывать положительное влияние на здоровье костей, потенциально влияя на их минеральную плотность и прочность.

Очень важно подходить к использованию Шиладжита с осторожностью и проконсультироваться с медицинским работником, особенно если у вас есть заболевания или вы принимаете лекарства. Кроме того, качество и подлинность продукции Shilajit может быть разным, поэтому рекомендуется приобретать ее из надежных источников.

- o **Как скоро шиладжит поможет в лечении акне?**

На момент моего последнего обновления знаний в январе 2022 года не было надежных научных данных, позволяющих определить конкретные сроки, когда шиладжит поможет в лечении акне. Шиладжит - это натуральное вещество с предполагаемыми полезными свойствами, в том числе антиоксидантными и противовоспалительными, но для установления его эффективности в лечении акне необходимы дополнительные исследования.

Эффективность любого лечения акне может сильно варьироваться от человека к человеку. Кроме того, такие факторы, как тяжесть акне, индивидуальный тип кожи и соблюдение режима лечения, могут повлиять на то, как быстро появятся результаты.

Если вы решили использовать шиладжит для лечения акне, очень важно подходить к этому с реалистичными ожиданиями. Перед тем как начать любое новое лечение акне, включая такие натуральные средства, как шиладжит, рекомендуется проконсультироваться с медицинским работником или дерматологом. Они могут дать рекомендации с учетом состояния вашей кожи и истории болезни.

В то же время традиционные и хорошо зарекомендовавшие себя методы лечения акне, такие как ретиноиды, перекись бензоила и салициловая кислота, имеют более обширную доказательную базу, подтверждающую их эффективность. Если вы ищете более быстрые и проверенные результаты, эти методы лечения могут оказаться более подходящими. Всегда следуйте рекомендациям вашего врача, чтобы выбрать оптимальный подход к лечению акне.

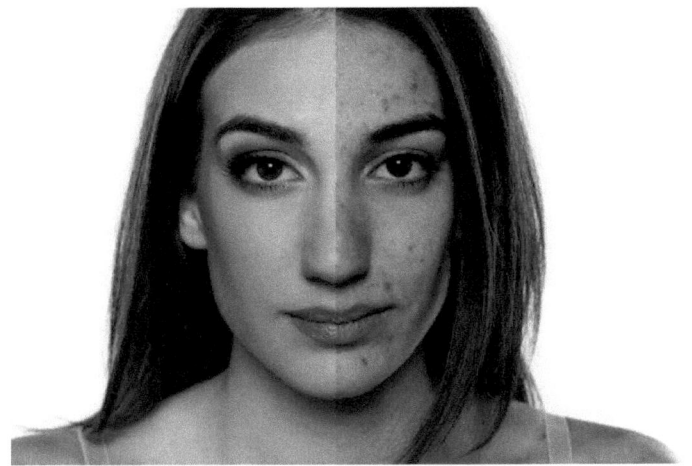

Рисунок No9: Это изображение показывает, что шиладжит лучше всего подходит для лечения акне

♦ Как использовать Шиладжит?

Применение Шиладжита может варьироваться в зависимости от индивидуальных предпочтений, формы, в которой он получен, и цели. Шиладжит доступен в различных формах, включая смолу, порошок, капсулы и добавки. Ниже приведены общие рекомендации по применению шиладжита:

Чистая смола:

- o Если у вас есть Шиладжит в виде смолы, начните с отламывания небольшой части. Смола шиладжита часто бывает клейкой, и ее можно растворить в теплой воде или молоке.
- o Размешайте смолу в стакане теплой воды или молока, пока она не растворится. Тепло может сделать смолу более податливой.

Порошкообразная форма:

- ○ Если у вас есть Шиладжит в виде порошка, вы можете смешать его с теплой водой, молоком или смузи.
- ○ Начните с небольшого количества (в соответствии с рекомендациями на этикетке продукта) и постепенно увеличивайте его по мере необходимости.

Рисунок №11: На этом изображении показана порошкообразная форма Шиладжита

Капсулы или добавки:

- ○ Соблюдайте рекомендуемую дозировку, указанную на этикетке продукта.
- ○ Принимайте капсулы или добавки Shilajit с водой или напитком в соответствии с инструкцией.

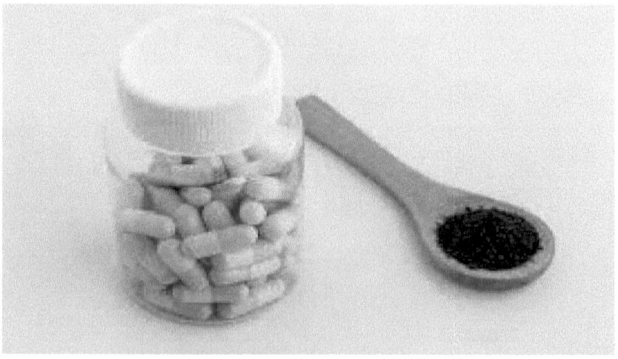

Рисунок №12: На этом изображении показана форма капсул или добавок Шиладжит

Местное применение:
- o Некоторые люди используют Шиладжит для лечения кожных заболеваний или здоровья волос. Для этого можно смешать небольшое количество Шиладжита с маслом-носителем (например, кокосовым) и нанести на кожу или волосы.

Проконсультируйтесь с медицинским работником:
- o Прежде чем включать Шиладжит в свой распорядок дня, особенно если у вас есть сопутствующие заболевания или вы принимаете лекарства, рекомендуется проконсультироваться с медицинским работником для получения индивидуального совета.

Качество имеет значение:
- o Убедитесь, что вы приобретаете шиладжит у проверенных поставщиков, чтобы гарантировать качество и подлинность. Подлинный Шиладжит добывается в горных районах и проходит ответственную обработку.

Последовательность - это главное:
- o Если вы используете Шиладжит для достижения конкретных целей, то часто подчеркивается постоянство в применении. Может потребоваться время, чтобы любые потенциальные преимущества стали заметны.

Время:
- o Некоторые люди предпочитают принимать Shilajit утром или во время еды, но время приема может варьироваться в зависимости от личных предпочтений.

Помните, что, несмотря на долгую историю традиционного использования Шиладжита и некоторые многообещающие предварительные исследования, к его применению следует подходить с осторожностью. Если у вас есть какие-либо опасения или вопросы, рекомендуется проконсультироваться с медицинским работником, чтобы убедиться, что Шиладжит подходит для ваших индивидуальных потребностей и обстоятельств.

Рисунок №13: На этом изображении показан свежеприготовленный чистый экстракт шиладжит

♦ *Лекарственные свойства шиладжита:*

Основные качества	Вторичные качества
<ul><li>Афродизиак</li><li>Сперматогенез</li><li>Альтернатива</li><li>Омолаживающее средство</li><li>Противовоспалительное</li><li>Жаропонижающее</li><li>Борьба с ожирением</li><li>Нервно-тонизирующее средство</li><li>Анксиолитик</li><li>Антилития</li><li>Противодиабетические</li><li>Мочегонное средство</li><li>Антигиперлипидемическое средство</li><li>Кардиопротектор</li></ul>	<ul><li>Биоочиститель</li><li>Антисептик</li><li>Anodyne</li><li>Закуска</li><li>Стимулятор пищеварения</li><li>Карминатив</li><li>Мягкое слабительное</li><li>Антгельминтик</li><li>Детоксикатор крови</li></ul>

♦ **Значение шиладжитов**

Шиладжит - это природное вещество с богатой историей традиционного использования, в частности, в аюрведической медицине. Добываемый из горных пород, шиладжит почитается за разнообразный набор минералов, фульвокислот и биоактивных соединений. Его адаптогенные свойства, которые, как традиционно считается, повышают способность организма адаптироваться к стрессу, делают его ценным компонентом в холистических оздоровительных практиках.

Потенциальная польза шиладжита охватывает различные аспекты здоровья, включая энергию и жизненную силу, когнитивные функции и поддержку иммунной системы. Богатый антиоксидантами, он, как считается, борется с окислительным стрессом и способствует антивозрастным эффектам. Использование шиладжита не ограничивается внутренним здоровьем: его также применяют для ухода за кожей и волосами. Пока ведутся научные исследования, направленные на выяснение механизмов его действия и эффективности, шиладжит продолжает привлекать внимание как натуральная добавка с потенциальными оздоровительными свойствами. Как и к любой другой добавке, к ее использованию следует подходить с осторожностью, а для получения индивидуальных рекомендаций рекомендуется проконсультироваться с медицинскими работниками. Невозможно переоценить важность приобретения подлинного и высококачественного Шиладжита для обеспечения его эффективности и безопасности.

Шиладжит: Безвредность и побочные эффекты

♦ Побочные эффекты Шиладжит:

Шиладжит, как правило, считается безопасным для большинства людей при умеренном употреблении и приобретении у надежных поставщиков. Несмотря на то, что шиладжит считается безопасным для большинства людей при умеренном употреблении, важно знать о возможных побочных эффектах и учитывать их. Имейте в виду, что индивидуальная реакция на добавки может быть разной, а качество продуктов из шиладжита также может влиять на безопасность. Вот некоторые потенциальные побочные эффекты и соображения, связанные с шиладжитом:

• Безвреден и хорошо переносится:

Шиладжит имеет долгую историю традиционного использования, особенно в аюрведической медицине, где он считается натуральным веществом с потенциальной пользой для здоровья.

• Содержание минералов:

Шиладжит содержит различные минералы и фульвокислоты, которые считаются необходимыми для здоровья. Эти компоненты обеспечивают его питательную ценность.

• Антиоксидантные свойства:

Фульвовая кислота в составе Шиладжит оказывает антиоксидантное действие, которое помогает бороться с окислительным стрессом в организме.

• Адаптогенные свойства:

Шиладжит классифицируется как адаптоген, и многие люди используют его из-за его предполагаемой способности помогать организму адаптироваться к стрессовым факторам.

• Качество и чистота:

Качество и подлинность продуктов из шиладжита могут быть разными. Очень важно приобретать шиладжит у проверенных поставщиков, чтобы гарантировать чистоту и избежать возможных загрязнений.

• Тяжелые металлы:

В зависимости от источника, Шиладжит может содержать следовые количества тяжелых металлов. Регулярное употребление шиладжита с высоким содержанием тяжелых металлов может быть вредным. Поэтому важно выбирать высококачественные продукты с жесткими мерами контроля качества.

• Индивидуальная чувствительность:

Хотя многие люди хорошо переносят Шиладжит, чувствительность к натуральным веществам может быть разной. Некоторые люди могут испытывать желудочно-кишечный дискомфорт или аллергические реакции.

- **Взаимодействие с лекарственными препаратами:**

Шиладжит может взаимодействовать с некоторыми лекарственными препаратами. Лицам, принимающим лекарства, следует проконсультироваться с медицинским работником, прежде чем включать Шиладжит в свой распорядок дня.

- **Беременность и грудное вскармливание:**

Беременным и кормящим женщинам следует соблюдать осторожность и проконсультироваться с медицинскими работниками перед применением Шиладжита из-за ограниченных данных по безопасности для этих групп населения.

- **Желудочно-кишечный дискомфорт:**

Некоторые люди могут испытывать желудочно-кишечный дискомфорт, например, расстройство желудка, диарею или тошноту, особенно при приеме Шиладжита в больших количествах. Если начать прием с небольшой дозы и постепенно увеличивать ее, это поможет минимизировать подобные эффекты.

- **Аллергические реакции:**

В редких случаях отмечались случаи аллергических реакций на шиладжит. Если у вас появились такие симптомы, как зуд, сыпь, отек или затрудненное дыхание, прекратите прием и обратитесь к врачу.

- **Взаимодействие с лекарственными препаратами:**

Шиладжит может взаимодействовать с некоторыми лекарственными препаратами. Потенциально он может усиливать действие лекарств, что приводит к увеличению риска побочных эффектов. Лицам, принимающим лекарства, перед использованием Шиладжита следует проконсультироваться с медицинским работником.

- **Загрязнение тяжелыми металлами:**

В зависимости от источника и методов обработки, Шиладжит может содержать следовые количества тяжелых металлов. Длительное употребление шиладжита с высоким содержанием тяжелых металлов может быть вредным. Чтобы свести этот риск к минимуму, необходимо выбирать высококачественные продукты от надежных поставщиков.

- **Аутоиммунные состояния:**

Шиладжит может оказывать иммуностимулирующее действие. Лицам с аутоиммунными заболеваниями следует применять Шиладжит с осторожностью, так как он может усилить иммунные реакции. Людям с аутоиммунными заболеваниями следует применять Шиладжит с осторожностью, так как он может стимулировать иммунную систему.

- **Беременность и грудное вскармливание:**

Имеются ограниченные данные о безопасности применения Шиладжита во время беременности и грудного вскармливания. Беременным и кормящим женщинам следует соблюдать осторожность и проконсультироваться с медицинскими работниками перед применением Шиладжита.

К применению Шиладжита следует подходить с осторожностью, особенно если у вас есть сопутствующие заболевания или вы принимаете лекарства. Прежде чем включать Шиладжит в свой распорядок дня, рекомендуется проконсультироваться с медицинским работником для получения индивидуального совета. Кроме того, выбор высококачественных продуктов из шиладжита от надежных поставщиков поможет обеспечить безопасность и эффективность. На момент моего последнего обновления знаний в январе 2022 года проводимые исследования могут дать дополнительные сведения о безопасности шиладжита.

♦ Меры предосторожности при использовании шиладжита:

Несмотря на то, что шиладжит считается безопасным для большинства людей при ответственном подходе, существуют определенные меры предосторожности, о которых следует помнить, чтобы обеспечить его безопасное и эффективное использование:

• Проконсультируйтесь с медицинским работником:

Прежде чем включать Шиладжит в свой распорядок дня, особенно если у вас есть заболевания или вы принимаете лекарства, необходимо проконсультироваться с медицинским работником. Это особенно важно для беременных и кормящих женщин, а также для людей с аутоиммунными заболеваниями.

• Начните с малых доз:

Если вы только начинаете принимать Шиладжит, начните с небольшой дозы и понаблюдайте за реакцией своего организма. Это позволит вам оценить свою переносимость и минимизировать риск возможных побочных эффектов.

• Выбирайте высококачественные продукты:

Выбирайте продукты Shilajit у надежных поставщиков, которые соблюдают меры контроля качества. Это позволяет гарантировать чистоту продукта и минимизировать риск попадания в него загрязняющих веществ, таких как тяжелые металлы.

• Не забывайте о тяжелых металлах:

Шиладжит может содержать следовые количества тяжелых металлов в зависимости от источника. Длительное употребление шиладжита с высоким содержанием тяжелых металлов может быть вредным. Убедитесь, что выбранный вами продукт прошел тщательное тестирование на содержание тяжелых металлов.

• Следите за аллергическими реакциями:

В редких случаях отмечались случаи аллергических реакций на шиладжит. Если у вас появились такие симптомы, как зуд, сыпь, отек или затрудненное дыхание, прекратите прием и обратитесь к врачу.

• Следите за желудочно-кишечным дискомфортом:

Некоторые люди могут испытывать желудочно-кишечный дискомфорт, например, расстройство желудка, диарею или тошноту. При появлении этих симптомов следует уменьшить дозировку или прекратить прием.

- **Учитывайте взаимодействие с лекарствами:**

Шиладжит может взаимодействовать с некоторыми лекарствами. Если вы принимаете лекарства, особенно для лечения хронических заболеваний, проконсультируйтесь с вашим лечащим врачом перед использованием Шиладжита, чтобы избежать возможных взаимодействий.

- **Избегайте чрезмерного потребления:**

Шиладжит считается безопасным при умеренном употреблении, однако чрезмерное потребление может привести к негативным последствиям. Следуйте рекомендованной дозировке, указанной в продукте или вашим лечащим врачом.

- **Помните об источнике и обработке:**

Обращайте внимание на источник и методы обработки продуктов Shilajit. Подлинный шиладжит добывается в горных районах и проходит ответственную обработку.

- **Просветите себя:**

Будьте информированы о потенциальных преимуществах и побочных эффектах Shilajit. Знания позволят вам принимать взвешенные решения о его применении.

Соблюдение этих мер предосторожности и осознанный подход к использованию Шиладжита позволят вам получить максимальную пользу и свести к минимуму риск побочных эффектов. Всегда уделяйте первостепенное внимание своему здоровью и благополучию и консультируйтесь с медицинским работником, если у вас есть какие-либо опасения или вопросы.

Антимикробная активность шиладжита

♦ **Микробиом шиладжита:**

Микробиом шиладжита - это сообщество микроорганизмов, которые могут присутствовать в этом природном веществе. Шиладжит - это сложное смолистое вещество, которое образуется в горных районах на протяжении веков в результате разложения растительной и микробной массы. Микробиом шиладжита может включать в себя различные бактерии, грибы и другие микроорганизмы, которые вносят свой вклад в его формирование и свойства.

Конкретный микробный состав шиладжита может варьироваться в зависимости от таких факторов, как географическое положение, где он добывается, типы растений и органических веществ, присутствующих в нем, а также условия окружающей среды во время его формирования. Исследования микробиома шиладжита ограничены, а разнообразие и роль микроорганизмов в шиладжите изучены не так подробно, как микробные сообщества в других средах, таких как почва или кишечник человека.

Однако известно, что микробная активность играет определенную роль в разложении растительного материала и превращении органических соединений в сложную смесь, характерную для шиладжита. Кроме того, микробиом шиладжита может способствовать образованию определенных биоактивных компонентов и метаболическим процессам в составе вещества.

Важно отметить, что основной фокус научных исследований, связанных с шиладжитом, часто вращается вокруг его химического состава, содержания минералов и потенциальных биологически активных соединений, а не глубокого анализа его микробных сообществ. Для всестороннего изучения микробного разнообразия и функций шиладжита необходимы дальнейшие исследования.

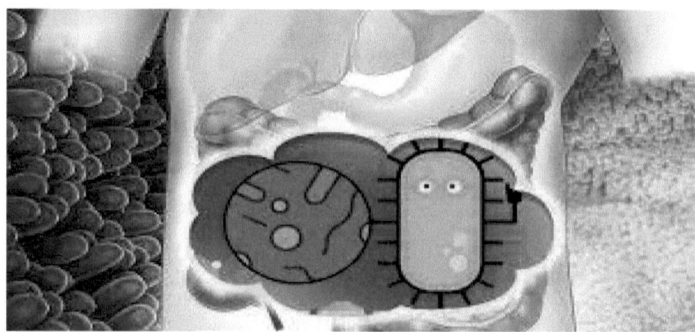

Рисунок No14: На этом изображении показан микробиом шиладжита

- ♦ **Антимикробная активность Шиладжита:**
  - Антибактериальная активность шиладжита
  - Антивирусная активность шиладжита
  - Противогрибковая активность шиладжита
  - Антиканцеральная активность Шиладжита

- **Антибактериальная активность Шиладжита:**

Исследования показывают, что шиладжит может оказывать антибактериальное действие на различные штаммы бактерий. Антибактериальные свойства шиладжита объясняются его сложным составом, в который входят фульвовая кислота, гуминовая кислота и другие биоактивные соединения. Вот некоторые ключевые моменты, касающиеся антибактериального действия шиладжита:

  o **Фульвовая кислота:**

Фульвовая кислота, основной компонент Шиладжита, была изучена на предмет ее антибактериальных свойств. Считается, что она разрушает мембраны бактериальных клеток и подавляет рост и размножение некоторых бактерий.

  o **Гуминовая кислота:**

Гуминовая кислота, еще один компонент, содержащийся в Шиладжите, также продемонстрировала антибактериальную активность в исследованиях. Она может нарушать функции бактериальных клеток и способствовать общему антибактериальному эффекту Шиладжита.

  o **Ионы металлов:**

Шиладжит содержит различные минералы, и некоторые из них могут играть определенную роль в его антибактериальном действии. Ионы металлов, такие как медь и цинк, присутствующие в шиладжите, обладают известными антибактериальными свойствами и могут влиять на рост бактерий.

  o **Активность широкого спектра действия:**

Исследования показали, что шиладжит проявляет антибактериальную активность в отношении целого ряда бактерий, включая как грамположительные, так и грамотрицательные штаммы. Такая активность широкого спектра является перспективной для потенциального терапевтического применения.

  o **Синергетические эффекты:**

Сочетание различных биоактивных соединений в Шиладжите может привести к синергетическому эффекту, усиливая его общую антибактериальную активность.

Важно отметить, что, хотя исследования показывают наличие антибактериальных свойств, конкретные механизмы, с помощью которых шиладжит действует против бактерий, и степень его эффективности все еще остаются предметом постоянного изучения. Кроме того, концентрация и чистота шиладжита, а также конкретные штаммы бактерий, на которых проводились испытания, могут повлиять на результаты исследований.

Как и к любому другому натуральному средству, к использованию Шиладжита следует подходить с осторожностью. При использовании Шиладжита в антибактериальных целях рекомендуется проконсультироваться с медицинскими работниками, особенно людям с особыми заболеваниями или принимающим лекарства. Необходимы дальнейшие исследования, в том числе клинические, чтобы лучше понять антибактериальный потенциал шиладжита и его применение в различных контекстах.

- **Антивирусная активность шиладжита:**

Исследования противовирусной активности шиладжита ограничены, и хотя есть некоторые данные, указывающие на потенциальные противовирусные свойства, необходимы дополнительные исследования, чтобы установить его эффективность и механизмы действия против конкретных вирусов. Сложный состав Шиладжита, включающий фульвокислоту, гуминовую кислоту, минералы и другие биоактивные соединения, заставил исследователей изучить его противовирусный потенциал. Вот некоторые ключевые моменты, касающиеся шиладжита и его потенциальной противовирусной активности:

- **Фульвовая кислота:**

Фульвовая кислота, основной компонент Шиладжита, была изучена на предмет ее противовирусных свойств. Фульвовая кислота может вмешиваться в цикл репликации вирусов и подавлять их способность заражать клетки хозяина.

- **Иммунная модуляция:**

Некоторые исследования показывают, что шиладжит может оказывать иммуномодулирующее действие. Хорошо функционирующая иммунная система имеет решающее значение для борьбы с вирусными инфекциями. Потенциальное влияние шиладжита на иммунную систему может способствовать противовирусной активности.

- **Антиоксидантные эффекты:**

Антиоксидантные свойства шиладжита могут играть роль в защите клеток от окислительного стресса, вызванного вирусными инфекциями. Окислительный стресс часто связан с репликацией и патогенезом вирусов.

- **Ионы металлов:**

Минералы, содержащиеся в шиладжите, в том числе медь и цинк, могут способствовать его противовирусному действию. Некоторые ионы металлов обладают известными противовирусными свойствами.

- **Синергетические эффекты:**

Сочетание различных биоактивных соединений в Шиладжите может привести к синергетическому эффекту, потенциально усиливая его противовирусную активность.

Важно подчеркнуть, что имеющиеся исследования носят предварительный характер, и конкретные противовирусные эффекты шиладжита в отношении определенных вирусов нуждаются в дальнейшем изучении. Кроме того, противовирусная активность шиладжита может варьироваться в зависимости от его источника и качества.

Несмотря на то, что Шиладжит многообещающе действует, его не следует рассматривать как замену традиционным противовирусным препаратам или вакцинам. Если вас беспокоят вирусные инфекции или вы ищете противовирусные средства, рекомендуется проконсультироваться с медицинскими работниками, которые могут предоставить научно обоснованное руководство и рекомендации с учетом ваших конкретных потребностей.

- **Противогрибковая активность шиладжита:**

Шиладжит изучался на предмет его потенциальной противогрибковой активности, и некоторые исследования показывают, что он может проявлять ингибирующее действие в отношении различных грибков. Сложный состав шиладжита, включающий фульвокислоту, гуминовую кислоту и другие биоактивные соединения, обусловливает его антимикробные свойства, в том числе противогрибковую активность. Вот некоторые ключевые моменты, касающиеся противогрибкового потенциала Шиладжита:

- o **Фульвовая кислота:**

Фульвовая кислота, основной компонент Шиладжита, была изучена на предмет ее противогрибковых свойств. Она может нарушать структуру и функции клеточных мембран грибков, подавляя рост и выживание некоторых видов грибков.

- o **Гуминовая кислота:**

Гусиная кислота, еще один компонент, содержащийся в Шиладжите, исследовалась на предмет противогрибковой активности. Она может вмешиваться в метаболические процессы грибков, что приводит к ингибирующему эффекту.

- o **Ионы металлов:**

Шиладжит содержит различные минералы, и некоторые из них могут способствовать его противогрибковому действию. Ионы металлов, такие как медь и цинк, известны своими противогрибковыми свойствами и могут нарушать рост грибков.

- o **Синергетические эффекты:**

Сочетание различных биоактивных соединений в Шиладжите может привести к синергетическому эффекту, усиливая его общую противогрибковую активность.

В ходе исследований была изучена эффективность шиладжита против различных штаммов грибков, в том числе вызывающих распространенные инфекции. Однако конкретные механизмы, с помощью которых шиладжит оказывает противогрибковое действие, до конца не изучены, и для определения его эффективности против различных грибков необходимы дополнительные исследования.

Важно отметить, что, хотя Шиладжит может показать себя как натуральное противогрибковое средство, к его использованию в этих целях следует подходить с осторожностью. Если вы имеете дело с грибковой инфекцией или другими проблемами со здоровьем, рекомендуется проконсультироваться с медицинскими работниками для проведения соответствующей диагностики и лечения. Кроме того, следует обратить внимание на качество и подлинность продукта Shilajit, чтобы убедиться в его эффективности и безопасности.

Таблица В этой таблице представлены различные бактерии, присутствующие в шиладжите

Грамположительные бактерии
• S. aureus • S. saprophyticus • S. pneumoniae • B. Substilis
Грамотрицательные бактерии
• Сальмонелла Para typhi • Shigella dysenterae • кишечная палочка • Klebsiella • Acinetobacter • Citrobacter • Salmonella typhi • Klebsiella oxytoca • Флуоресценция
Дрожжи
• Candida albicans

- **Противоканцерогенная активность шиладжита:**

Исследования потенциальной противораковой активности шиладжита - это область постоянных исследований, и интерес к изучению влияния шиладжита на раковые клетки растет. Однако важно отметить, что, хотя некоторые исследования указывают на наличие определенных противораковых свойств, необходимы более комплексные исследования, включая клинические испытания, чтобы установить его эффективность и безопасность в лечении рака. Вот некоторые ключевые моменты, связанные с потенциальной противораковой активностью Шиладжита:

   o **Антиоксидантные эффекты:**

Шиладжит богат антиоксидантами, в том числе фульвовой кислотой, которая может помочь в борьбе с окислительным стрессом. Окислительный стресс причастен к развитию и прогрессированию рака, а антиоксиданты, как считается, защищают клетки от этого стресса.

   o **Противовоспалительные свойства:**

Воспаление связано с развитием рака, и шиладжит изучался на предмет его потенциального противовоспалительного действия. Модулируя воспалительные реакции, шиладжит может способствовать профилактике или лечению рака.

- ○ **Модуляция иммунной системы:**

Некоторые исследования показывают, что шиладжит может оказывать иммуномодулирующее действие. Хорошо функционирующая иммунная система играет важнейшую роль в распознавании и уничтожении аномальных клеток, в том числе раковых.

- ○ **Индукция апоптоза:**

Апоптоз, или запрограммированная клеточная смерть, - это естественный процесс, в ходе которого уничтожаются поврежденные или аномальные клетки. В некоторых исследованиях изучался вопрос о том, может ли шиладжит вызывать апоптоз в раковых клетках, способствуя их уничтожению.

- ○ **Ингибирование пролиферации клеток:**

Шиладжит был исследован на предмет его способности подавлять пролиферацию раковых клеток, предотвращая их неконтролируемый рост и деление.

- ○ **Содержание ионов металлов:**

Шиладжит содержит различные минералы, и некоторые исследования показывают, что определенные ионы металлов могут играть роль в его противораковом действии.

Важно подчеркнуть, что, несмотря на многообещающие результаты предварительных исследований, для подтверждения противоракового потенциала шиладжита и определения конкретных механизмов его действия необходимы более тщательные исследования, в частности клинические испытания на людях. Кроме того, индивидуальная реакция на шиладжит может быть разной, и его не следует использовать в качестве замены традиционных методов лечения рака.

Если вы или ваши знакомые больны раком, крайне важно проконсультироваться с онкологами и медицинскими работниками, чтобы получить научно обоснованные варианты лечения и индивидуальные рекомендации. Любое использование Шиладжита в качестве дополнительной или альтернативной терапии должно осуществляться под руководством медицинских работников.

◆ **Перспективы развития шиладжита:**

Будущие перспективы шиладжита связаны с дальнейшим изучением его потенциальных полезных свойств, проведением научных исследований и интеграцией в основные медицинские практики.

Вот несколько потенциальных перспектив развития шиладжита:

● **Клинические исследования и испытания:**

Продолжение и расширение клинических исследований и испытаний необходимо для лучшего понимания специфических эффектов и механизмов действия Шиладжита. Хорошо спланированные исследования, в том числе рандомизированные контролируемые испытания, могут предоставить более убедительные доказательства его эффективности при различных заболеваниях.

● **Идентификация активных соединений:**

Исследования, направленные на выявление и выделение конкретных биоактивных соединений, ответственных за действие Шиладжита, могут способствовать разработке целевых терапий и рецептур.

● **Стандартизация и контроль качества:**

Создание стандартизированных методов добычи, обработки и контроля качества продуктов из шиладжита имеет решающее значение. Это обеспечит постоянство качества продукции и позволит проводить надежные сравнения между исследованиями.

● **Интеграция в основную медицину:**

В зависимости от результатов тщательных исследований, существует потенциал для интеграции шиладжита в основную медицинскую практику, либо в качестве самостоятельного терапевтического средства, либо в качестве дополнительного подхода при определенных состояниях здоровья.

● **Нутрицевтики и функциональные продукты питания:**

Шиладжит может найти свое применение в разработке нутрицевтиков и функциональных продуктов питания. Продукты, обогащенные шиладжитом, могут быть разработаны для обеспечения целевого воздействия на здоровье.

● **Фармацевтическое применение:**

Если конкретные биоактивные соединения в шиладжите будут идентифицированы и подтверждены, они могут послужить основой для разработки фармацевтических препаратов, направленных на конкретные состояния здоровья.

● **Информирование и просвещение потребителей:**

Повышение осведомленности и просвещение потребителей о потенциальной пользе и правильном использовании Шиладжита имеют большое значение. Это включает в себя предоставление информации о источниках, качестве и безопасности.

- **Расширение глобального рынка:**

По мере углубления научных знаний мировой рынок продуктов на основе шиладжита может расширяться, охватывая все более широкую аудиторию, ищущую натуральные и традиционные средства лечения.

- **Диетические добавки:**

Шиладжит может стать ключевым ингредиентом при разработке нутрицевтиков и диетических добавок, направленных на обеспечение целостного здоровья. Препараты могут быть направлены на решение конкретных проблем со здоровьем, при этом шиладжит будет играть центральную роль

- **Нормативно-правовая база:**

Разработка четкой нормативной базы и стандартов для продукции из шиладжита может обеспечить безопасность потребителей и способствовать ответственному маркетингу и распространению.

- **Сотрудничество с системами традиционной медицины:**

Сотрудничество между системами традиционной медицины, такими как аюрведа, и современными медицинскими практиками может способствовать более полному пониманию традиционного использования и потенциального терапевтического применения шиладжита.

Шиладжит имеет долгую историю традиционного использования, но его будущие перспективы будут зависеть от надежного научного обоснования, нормативных требований и ответственной рыночной практики. Продолжающиеся исследования и сотрудничество между традиционными знаниями и современной наукой станут ключом к раскрытию всего потенциала шиладжита.

Ссылки

- Уилсон, Юджин; Раджаманикам, Г. Виктор; Дубей, Г. Прасад; Клозе, Петра; Мусиал, Фрауке; Саха, Ф. Джойонто; Рампп, Томас; Михалсен, Андреас; Добос, Густав Й. (2011-06-14). "Обзор использования шиладжита в традиционной индийской медицине". Journal of Ethnopharmacology. **136** (1): 1–9. doi:10.1016/j.jep.2011.04.033. ISSN 1872-7573. PMID 21530631.
- Перейти к: ᵃ ᵇ "МУМИЁ - Большая Российская энциклопедия - электронная версия". bigenc.ru. Retrieved 2022-08-01.
- ^ Hill, Carol A.; Forti, Paolo (1997). Пещерные минералы мира. Национальное спелеологическое общество. ISBN 978-1-879961-07-4. [page needed]
- ^ Rahmani Barouji, Solmaz; Saber, Amir; Torbati, Mohammadali; Fazljou, Seyyed Mohammad Bagher; Yari Khosroushahi, Ahmad (2020). "Полезные для здоровья эффекты мумие в традиционной медицине". Galen Medical Journal. **9**: e1743. doi:10.31661/gmj.v9i0.1743. ISSN 2322-2379. PMC 8343599. PMID 34466583.
- ^ Уинстон, Дэвид; Маймс, Стивен (2007-03-22). "Часть вторая: Materia medica". 7. Монографии об адаптогенах. Шиладжит". Адаптогены: травы для силы, выносливости и снятия стресса. Inner Traditions / Bear & Co. p. 129. ISBN 978-1-59477-158-3.
- ^ Kloskowski, T.; Szeliski, K.; Krzeszowiak, K.; Fekner, Z.; Kazimierski, Ł; Jundziłł, A.; Drewa, T.; Pokrywczyńska, M. (2021-11-19). "Мумио (шиладжит) как потенциальный химиотерапевтический препарат для лечения рака мочевого пузыря". Scientific Reports. **11** (1): 22614. Bibcode:2021NatSR..1122614K. doi:10.1038/s41598-021-01996-8. ISSN 2045-2322. PMC 8604984. PMID 34799663.
- Govindarajan R, Vijayakumar M, Pushpangadan P.J Ethnopharmacol. 2005 Jun 3;99(2):165-78. doi: 10.1016/j.jep.2005.02.035. Epub 2005 Apr 26.PMID: 15894123
- Cornejo A, Jiménez JM, Caballero L, Melo F, Maccioni RB. Фульвовая кислота ингибирует агрегацию и способствует разборке фибрилл тау, связанных с болезнью Альцгеймера. *Journal of Alzheimer's Disease.* 2011;27(1):143-153.
- Гхосал С. Химия *шиладжита*, иммуномодулирующего аюрведического расаяна. *Pure and Applied Chemistry.* 1990;62(7):1285–1288.
- N. Chopra R, C. Chopra I, L. Handa K, D. Kapoor K. *In Indigenous Drugs of India.* Calcutta, India: U.N. Dhar & Sons; 1958.
- Agarwal SP, Khanna R, Karmarkar R, Anwer MK, Khar RK. *Шиладжит*: обзор. *Phytotherapy Research.* 2007;21(5):401-405.
- Ghosal S, Reddy JP, Lal VK. *Шиладжит* I: химические составляющие. *Журнал фармацевтических наук.* 1976;65(5):772-773.
- Khanna R, Witt M, Khalid Anwer M, Agarwal SP, Koch BP. Спектроскопическая характеристика фульвокислот, выделенных из горного экссудата *шиладжита*. *Органическая геохимия.* 2008;39(12):1719–1724.

- Миттал П., Каушик Д., Гупта В., Бансал П., Кхокра С. Терапевтический потенциал "Шиладжит Расаяна" - обзор. *Международный журнал фармацевтических и клинических исследований.* 2009;1(2):47-49.
- М. С. Ислам К., Шумахер А., М. Гропп Й. Вещества гуминовой кислоты в животноводстве. *Pakistan Journal of Nutrition.* 2005;4:126-134.
- Вуцкиц А.В., Халлар И., Берсеньи А., Андрасофски Е., Кульчар М., Сабо Й. Влияние фульвокислот и гуминовых кислот на производительность, иммунный ответ и функцию щитовидной железы у крыс. *Журнал физиологии животных и питания животных.* 2010;94(6):721-728.
- Щепеткин И.А., Кси Г., Ютила М.А., Куинн М.Т. Комплементфиксирующая активность фульвокислоты из *шиладжита* и других природных источников. *Phytotherapy Research.* 2009;23(3):373-384.1
- Kong YC, But PPH, Ng KH, et al. Химические исследования непальской панацеи - *шиладжита* (I) *International Journal of Crude Drug Research.* 1987;25(3):179-182.
- Ghosal S, Lal J, Singh SK, Goel RK, Jaiwal AK, Bhattacharya SK. Необходимость разработки рецептуры *шиладжита* с использованием его выделенных активных компонентов. *Phytotherapy Research.* 1991;5(5):211-216.
- Гхосал С., Мукхерджи Б., К. Бхаттачарья С. *Шиладжит* - сравнительное исследование древних и современных научных данных. *Indian Journal of Indigenous Medicine.* 1995;17:1-10.
- Ghosal S, Singh SK, Kumar Y, et al. *Shilajit.* 3. Антиульцерогенность фульвокислот и 4-метокси-6-карбометоксибифенила, выделенных из шиладзита. *Phytotherapy Research.* 1988;2(4):187-191.
- Ghosal S, Lata S, Kumar Y, Gaur B, Misra N. Взаимодействие *шиладжита* с биогенными свободными радикалами. *Indian Journal of Chemistry B.* 1995;34:596-602.
- Bhattacharya SK, Sen AP. Влияние *шиладжита* на биогенные свободные радикалы. *Phytotherapy Research.* 1995;9(1):56-59 .
- K. Jaiswal A, K. Bhattacharya S. Влияние *шиладжита* на память, тревожность и моноамины мозга у крыс. *Indian Journal of Pharmacology.* 1992;24:12-17.
- Bhattacharya SK. *Шиладжит* ослабляет сахарный диабет, вызванный стрептозотоцином, и снижает активность супероксиддисмутазы островков поджелудочной железы у крыс. *Phytotherapy Research.* 1995;9(1):41-44.
- Wang C, Wang Z, Peng A, Hou J, Xin W. Взаимодействие между фульвокислотами различного происхождения и активными радикалами кислорода. *Наука в Китае, серия С.* 1996;39(3):267-275.
- Ghosal S, Lal J, Singh SK, et al. Защитное действие *шиладжита* и его составляющих на тучные клетки. *Phytotherapy Research.* 1989;3(6):249-252.
- Acharya SB, Frotan MH, Goel RK, Tripathi SK, Das PK. Фармакологические действия *шиладжита.* *Indian Journal of Experimental Biology.* 1988;26(10):775-777.
- Шалини, Шривастава Р. Скрининг противогрибковой активности и анализ hplc сырого экстракта из Tectona grandis, *шиладжита*, валерианы валлахи. *Электронный журнал экологической, сельскохозяйственной и пищевой химии.* 2009;8(4):218-229.

- Мирза МА, Агарвал СП, Рахман МА, и др. Роль гуминовой кислоты в пероральной доставке противоэпилептического препарата. *Разработка лекарств и промышленная фармация.* 2011;37(3):310-319.
- Мина Х., К. Пандей Х., К. Арья М., Ахмед З. *Шиладжит*: панацея от высотных проблем. *Международный журнал исследований Аюрведы.* 2010;1(1):37-40.
- Уилсон Э., Раджаманикам Г. В., Дубей Г. П. и др. Обзор использования *шиладжита* в традиционной индийской медицине. *Journal of Ethnopharmacology.* 2011;136(1):1-9.
- Пандит С, Бисвас С, Джана У, Де РК, Мукхопадхьяй СК, Бисвас ТК. Клиническая оценка влияния очищенного Шиладжита на уровень тестостерона у здоровых добровольцев. Andrologia [Интернет]. 2016 Jun 1 [cited 2022 Mar 23];48(5):570-5. Available from: https://pubmed.ncbi.nlm.nih.gov/26395129/
- 2. Carrasco-Gallardo C, GuzmÃ¡n L, MacCioni RB. Shilajit: A Natural Phytocomplex with Potential Procognitive Activity. International Journal of Alzheimer's Disease [Internet]. 2012 [cited 2022 Mar 23];2012. Available from: https://pubmed.ncbi.nlm.nih.gov/22482077/
- 3. Meena H, Pandey HK, Arya MC, Ahmed Z. Shilajit: Панацея от высотных проблем. International Journal of Ayurveda Research [Internet]. 2010 [cited 2022 Mar 23];1(1):37. Available from: https://pubmed.ncbi.nlm.nih.gov/20532096/
- 4. Шиладжит в лечении железодефицитной анемии [Интернет]. [cited 2022 Mar 23]. Available from: https://www.researchgate.net/publication/288266508_Shilajit_in_management_of_iron_deficiency_anaemia
- 5. Keller JL, Housh TJ, Hill EC, Smith CM, Schmidt RJ, Johnson GO. Влияние добавки Shilajit на вызванное усталостью снижение мышечной силы и уровня гидроксипролина в сыворотке крови. Journal of the International Society of Sports Nutrition [Интернет]. 2019 Feb 6 [cited 2022 Mar 23];16(1). Available from: https://pubmed.ncbi.nlm.nih.gov/30728074/
- 6. Joukar S, Najafipour H, Dabiri S, Sheibani M, Sharokhi N. Cardioprotective Effect of Mumie (Shilajit) on Experimentally Induced Myocardial Injury. Cardiovascular Toxicology 2014 14:3 [Интернет]. 2014 Jan 22 [cited 2022 Mar 23];14(3):214-21.
- 7. Ghasemkhani N, Tabrizi AS, Namazi F, Nazifi S. Лечебные эффекты Shilajit на аспирин "индуцированные поражения желудка у крыс. Physiological Reports [Internet]. 2021 Apr 1 [cited 2022 Mar 23];9(7). Available from: https://pubmed.ncbi.nlm.nih.gov/33818003/

- 8. Шиладжит - уникальный препарат аюрведы [Интернет]. [cited 2022 Mar 23]. Available from: https://www.researchgate.net/publication/276831443_SHILAJIT_AN_UNIQUE _DRUG_OF_AYURVEDA

- Ghosal S. Система доставки фармацевтического, пищевого и косметического ингредиента. Патент США № 6558712, 2003.
- 30. B. Maccioni R, Quiñones L, Saavedra I, Sandoval R. Нутрицевтическая композиция, включающая экстракт *шиладжита*, фолиевую кислоту, витамин B12 и витамин B6, и ее применение для профилактики и/или лечения нейродегенеративного заболевания и/или когнитивного ухудшения, связанного со старением головного мозга. WO 2011/041920. PCT/CL2010/000043 14 апреля. 2011.
- 31. Saper RB, Phillips RS, Sehgal A, et al. Свинец, ртуть и мышьяк в аюрведических препаратах американского и индийского производства, продаваемых через Интернет. *Журнал Американской медицинской ассоциации.* 2008;300(8):915-923.
- 32. Kales SN, Saper RB. Аюрведическое отравление свинцом: недостаточно признанная международная проблема. *Indian Journal of Medical Sciences.* 2009;63(9):379-381.
- 33. Singh S, Mukherjee KK, Gill KD, Flora SJS. Периферическая нейропатия, вызванная свинцом, после приема аюрведических препаратов. *Indian Journal of Medical Sciences.* 2009;63(9):408-410.

- Камбодж, В. П. (2000). Травяная медицина. *Current Science, 78,* 35-39.

- Агарвал, С. П., Кханна, Р., Кармаркар, Р., АнверМд, Кх, и КхарР, К. (2007). Shilajit: A review. *Phytotherapy Research, 21,* 401-405.

- Уилсон, Э., Раджаманикам, Г. В., Дубей, Г. П., Клозе, П., Мусиал, Ф., СахаФ, Дж. и др. (2011). Обзор использования шиладжита в традиционной индийской медицине. *Журнал этнофармакологии, 136,* 1-9.

- Щепеткин, И., Хлебников, А., и Квон, Б. С. (2002). Медицинские препараты из гумусовых веществ: Фокус на мумие. *Исследования в области разработки лекарственных средств, 57,* 140-159.

- Сривастава, Р. С., Кумар, Й., Сингх, С. К., и Госал, С. (1988). Шиладжит, его источник и активные принципы. В *материалах 16-й сессии ИЮПАК (Химия натуральных продуктов).* Киото, Япония, стр. 524.

- Сурапанени, Д. К., Адапа, С. Р., Прити, К., Теджа, Г. Р., Вирарагаван, М., и Кришнамурти, С. (2012). Шиладжит ослабляет поведенческие симптомы синдрома хронической усталости путем модуляции гипоталамо-гипофизарно-надпочечниковой оси и митохондриальной биоэнергетики у крыс. *Журнал этнофармакологии, 143,* 91-99.

- Гаредев, А., Файст, М., Шмольц, Е., и Лампрехт, И. (2004). Термический анализ мумиё, легендарного народного средства из Гималайского региона. *Thermochimica Acta, 417*(2), 301-309.

- Сакиб, М., Каусар, С., и Ахтар, С. (2012). *Влияние шиладжита на липидный профиль гиперлипидемических крыс-альбиносов и сравнение с симвастатином.* http://pjmhsonline.com/AprJune2012. Accessed June 12, 2013.

- Триведи, Н. А., Мазумдар, Б., Бхатт, Дж. Д., и Хемаватхи, К. Г. (2004). Влияние шиладжита на уровень глюкозы в крови и липидный профиль у крыс с аллоксан-индуцированным диабетом. *Индийский журнал фармакологии, 36*, 373-376.

- Гайквад, Н. С., Панат, А. В., Дешпанде, М. С., Рамья, К., Халид, П. У., и Августин, П. (2012). Влияние шиладжита на сердце дафнии: Предварительное исследование. *Журнал аюрведы и интегративной медицины, 3*(1), 3-5.

- Фролова, Л.Н., Киселева, Т.Л., Колхир, В.К., Багинская, А.И., и Трумпе, Т.Е. (1998). Антитоксические свойства стандартного сухого экстракта мумиё. *Журнал "Фармацевтическая химия", 32*(4), 26-28.

- Велмуруган, К., Вивек, Б., Уилсон, Е., Бхаратхи, Т., и Сундарам, Т. (2012). Оценка профиля безопасности черного шиладжита после 91-дневного повторного введения крысам. *Азиатско-Тихоокеанский журнал тропической биомедицины, 2*(3), 210-214.

- Вивек, Б., Уилсон, Э., Нитья Деви, С. В., Велмуруган, К., и Каннан, М. (2011). Кардиопротекторная активность шиладжита при инфаркте миокарда у крыс, вызванном изопротеренолом: Биохимическая и гистопатологическая оценка. *Международный журнал исследований фотохимии и фармакологии, 1*(1), 28-32.

- Раджадурай, М., и Стенли, М. П. (2007). Профилактический эффект нарингина на сердечные маркеры, электрокардиографические показатели и лизосомальные гидролазы при нормальном и вызванном изопротеренолом инфаркте миокарда у крыс Вистар. *Токсикология, 230*, 178-188.

- Джоукар, С., Башири, Х., Дабири, С., Гхотби, П., Сарвеазад, А., Дивсалар, К. и др. (2012). Сердечно-сосудистые эффекты черного чая и никотина по отдельности или в комбинации против экспериментального индуцированного повреждения сердца. *Журнал физиологии и биохимии, 68*(2), 271-279.

- Joukar, S., Ghasemipour-Afshar, E., Sheibani, M., Naghsh, N., & Bashiri, A. (2013). Защитные эффекты шафрана (*Crocus sativus*) против летальных желудочковых аритмий, вызванных реперфузией сердца у крыс:

Потенциальный антиаритмический агент. *Фармацевтическая биология, 51*(7), 836-843.

- Joukar, S., Najafipour, H., Mirzaeipour, F., Nasri, H., Ahmadi, M. Y. H., & Badinloo, M. (2013). Модулирующий эффект семелила (ангипарс™) на вызванное изопротеренолом повреждение сердца. *Журнал экспериментальных и клинических наук, 12*, 122-129.

- Lowry, O. H., Rosebrough, N. J., Farr, A. L., & Randall, R. J. (1951). Оценка белка с помощью фолин-фенольного реактива. *Журнал биологической химии, 193*, 265-275.

- Ohkawa, H., Ohishi, N., & Yagi, K. (1979). Оценка перекисного окисления липидов в животных тканях с помощью реакции с тиобарбитуровой кислотой. *Аналитическая биохимия, 95*, 351-358.

- Joukar, S., Shahouzehi, B., Najafipour, H., Gholamhoseinian, A., & Joukar, F. (2012). Мелиоративный эффект черного чая на никотин-индуцированный сердечно-сосудистый патогенез у крыс. *Журнал экспериментальных и клинических наук, 11*, 309-317.

- O'Brien, P. J., Landt, Y., & Ladenson, J. H. (1997). Дифференциальная реактивность сердечной и скелетной мышц различных видов в иммуноферментном анализе сердечного тропонина I. *Клиническая химия, 43*(12), 2333-2338.

- Йорк, М., Скадамор, К., Брейди, С., Чен, К., Уилсон, С., Кертис, М. и др. (2007). Характеристика тропониновых реакций при изопротеренол-индуцированном повреждении сердца у ганноверской крысы Вистар. *Токсикологическая патология, 35*, 606-617.

- Rona, G., Chappel, C. I., Balazs, T., & Gaudry, R. (1959). Инфарктоподобное поражение миокарда и другие токсические проявления, вызванные изопротеренолом у крысы. *Archives of Pathology and Laboratory Medicine, 67*, 443-455.

- Joukar, S., Sheibani, M., & Joukar, F. (2012). Сердечно-сосудистый эффект нифедипина у морфинозависимых крыс: Гемодинамические, гистопатологические и биохимические данные. *Хорватский медицинский журнал, 53*(4), 343-349.

- Joukar, S., Najafipour, H., Dabiri, S., Sheibani, V., Esmaeili-Mahani, S., Ghotbi, P., et al. (2011). Влияние хронического совместного приема морфина и верапамила на повреждение сердца, вызванное изопротеренолом. *Сердечно-сосудистые и гематологические агенты в медицинской химии, 9*, 218-224.

- Guyton, A. C., & Hall, J. E. (2011). *Учебник медицинской физиологии* (12-е изд., стр. 247). Пенсильвания: Saunders.

- Даш, Б. (1991). *Materia medica of ayurveda*. Нью-Дели: B Jain Publishers.

- Acharya SB, Fortan MH, Goel RK, Tripathi SK и Das PK. (1988). Фармакологические действия шиладжита. Индийский журнал экспериментальной биологии, 26: 775-777.
- Agarwal SP, Khanna R, Karmarkar, Anwer MK, Khar RK. (2007). Shilajit: A Review. Phytother Res., 21(5):401-405.
- Альберто Корнехо, Хосе М. Хименес, Леонардо Кабальеро, Франциско Мело, Рикардо Б. Маччиони (2011) Фульвовая кислота ингибирует агрегацию и способствует разборке фибрилл тау, связанных с болезнью Альцгеймера Журнал о болезни Альцгеймера 27:143-153. DOI 10.3233/JAD-2011- 110623.
- Betoni, JEC, Mantovani RPP, Barbosa LN, Di Stasi LC, Fernandes Junior A. (2006). Синергизм между растительным экстрактом и антимикробными препаратами, используемыми при лечении золотистого стафилококка. Mem. Inst. Oswaldo Cruz., 101: 387-390.
- Chopra, RN, Chopra I C, Handa K L & Kapur L D. (1958). Chopra's Indigenous Drug of India. 2nd ED. B.K. Dhur of Academic Publishers, Calcutta India.
- Миттал П. Каушик Д. Гупта В. Бансал П., Кхокра С. (2009). Терапевтический потенциал "Шиладжит Расаяна" Обзор, Международный журнал фармацевтических и клинических исследований; 1(2): 47-49.
- Мукерджи, Бисвапати. (1992). Традиционная медицина, материалы международного семинара. стр. 398-
- 319. Отель "Тадж Бенгал", Калькутта, Индия. Oxford & IBH Publishing, New Delhi.
- Пол П. (1997). Раскрытие доказательств. Химия в Британии, с.32-34.
- Ghosal S. (1990). Химия шиладжита, иммуномодулирующего аюрведического расаяна:, Pur and Applied Chemistry, 62(7):1285-1288.
- Sharma RK, Dash B, Sambita TC. (2000). Chowkhamba Sanskrit Series Office, Varanasi-1,. Vol III Chap 1:3 pg 50-54.Varanasi, India.
- Шривастава СР. (2009). Скрининг противогрибковой активности и ВЭЖХ-анализ сырого экстракта из Tectona grandis, Shilajit, Valeriana wallachi, Electrical Journal of Environment, Agricultural and Food Chemistry, 8(4): 218-229.
- Тритха, Свами Сада Шива. (1998). Аюрведическая энциклопедия. Ayurveda Holistic Centre Press. Bayville, NY.